Inahata Teiko
Welch eine Stille!

Die Haiku-Lehre des Takahama Kyoshi

Aus dem Japanischen auszugsweise übersetzt
von Takako von Zerssen

Herausgegeben von Stefan Wolfschütz

Mit einem Geleitwort von Ekkehard May

Die Originalausgabe, aus der die vorliegende Schrift auszugsweise übersetzt wurde, erschien im Verlag Nippon Hôsô Shuppan Kyôkai unter dem Titel: Haiku Jûnikagetsu, Shizen to tomoni ikiru haiku, Tokio 2000.

Copyright © Nippon Hôsô Shuppan Kyôkai 2000

Alle Rechte der deutschsprachigen Ausgabe
© Stefan Wolfschütz

Herstellung und Verlag: BoD - Books on Demand, Norderstedt

Fotos und Abbildungen © Kyoshi Museum Ashia, Porträtfoto auf der Umschlagsseite: © Inahata Teiko. Die Kanji auf der Titelseite stehen für „shizuka kana" übersetzt: „Welch eine Stille! (vgl. Haiku S. 23).

Satz und Layout: Stefan Wolfschütz, HAIKU24.DE
Internet: www.haiku24.de

ISBN: 978-3-743149-66-3

Inhaltsverzeichnis

Der Kosmos des Dichters
Geleitwort von Professor Ekkehard May.............7

Vorwort
Takako von Zerssen / Stefan Wolfschütz................9

1 Ein Gedicht, das jahreszeitliche Themen
 voll ausschöpft...20

2 Seinen Stolz in den Haiku-typischen
 Rhythmus setzen...30

3 Einfach und klar schildern................................38

4 *Shasei* bedeutet entdecken und schildern........48

5 Vereinfachen und konkretisieren.....................58

6 Blumen und Vögel besingen.............................66

7 Das Haiku als Gruß..74

Takahama Kyoshi, um 1930

Der Kosmos des Dichters
Geleitwort von Professor Ekkehard May

Für das Verfassen von Haikus gibt es bei uns im Westen vielerlei Anleitungen, Empfehlungen, ja Rezepte. Sicherlich bleibt oft ein Ungenügen – die Texte widersprechen sich vielleicht, und man kann die Kompetenz der Ratgeber schlecht einschätzen. Wie wäre es, wenn man einen japanischen Haiku-Dichter zu Wort kommen ließe?

Die vorliegende Übersetzung schafft – für den deutschen Sprachraum auf jeden Fall – erstmals Abhilfe. Ein Dichter kommt zu Wort. Seine wichtigen Lehrsätze, seine „goldenen Worte" (*meigen*) werden vorgestellt. Takahama Kyoshi (1874-1959), der wie kein anderer das Haiku aus seinen klassischen Traditionen in die Moderne transferierte, legt hier sein Glaubensbekenntnis zum Haiku ab. Was mag die Zauberformel dieser Kurzdichtung sein?

Sicher, der Text ist kein Lehrbuch der Dichtung, selber in dichterischer Sprache und deshalb nicht einfach geschrieben. Inahata Teiko, die Enkelin und legitime Hüterin der Tradition in der Schulrichtung der führenden Haiku-Zeitschrift *Hototogis*u, legt – in guter asiatischer, japanischer Tradition – die Worte des Meisters aus, ergänzt mit Beispielen und kommentiert.

Was den Dichtern bei uns zuallererst ins Stammbuch geschrieben werden sollte, ist Kyoshis Forderung nach größtmöglicher Einfachheit. Das zweite zentrale Anliegen des Dichters ist für uns im Westen schwerer zu verwirklichen, nämlich das vollständige Ausschöpfen der Assoziationskraft der Jahreszeitenwörter (*kigo*). Hierzu fehlt es bei uns (noch) an der Tradition und verbindlicher, gleichzeitig verbindender Konvention.

Aber etwas anderes macht den Text so faszinierend und lesenswert: Er gibt nicht nur Hinweise, was gut und schlecht im Haiku ist, sondern gewährt einen tiefen Einblick in die Philosophie, ja Psychologie des Dichters: Wie entsteht in ihm ein Bild, wie hält er das Bild fest, wie kann er seinen „kleinen Kosmos", der mit dem großen Kosmos verbunden ist, mitteilbar machen?

Dem Dichter über die Schulter und in seinen Kopf geschaut, Denkprozesse, die nicht leicht in Worte gefasst werden können, vorstellbar machen, dazu dient dieser sehr japanische Text, den man vielleicht in vielen Passagen länger auf sich wirken lassen muss. Der Übersetzerin, Frau Takako von Zerssen, die seit Jahren in ihrem Münchner Haiku-Kreis segensreiche praktische Ver-mittlungstätigkeit ausübt, sei Dank, ebenso Herrn Stefan Wolfschütz für sein Engagement zur Veröffentlichung dieser Schrift. Vielleicht können einmal ähnliche Texte folgen.

Gelnhausen im März 2006

Vorwort
Takako von Zerssen / Stefan Wolfschütz

Im Frühjahr 2004 entstand bei einem Gespräch zwischen Takako von Zerssen und Stefan Wolfschütz in München die Idee, zentrale Teile der Haiku-Lehre von Takahama Kyoshi ins Deutsche zu übersetzen und als Buch herauszubringen. Takako von Zerssen erklärte sich bereit, die Übersetzungsarbeiten vorzunehmen und Stefan Wolfschütz widmete sich der Herausgabe dieser Schrift. Durch die Vermittlung Takako von Zerssens wurden dem Hamburger Haiku Verlag Bilder und Zeichnungen aus dem Leben Takahama Kyoshis vom Kyoshi-Museum in Ashiya zur Verfügung gestellt. Besonders dankbar sind wir für die farbigen Kalligraphien, die jedem Kapitel vorangestellt wurden. Sie sind alle von Takahama Kyoshi angefertigt worden und bilden ein weiteres Zeugnis seines umfassenden künstlerischen Schaffens. Neben jeder Kalligraphie ist das auf dem Bild vorhandene Haiku in japanischer Lautschrift und deutscher Übersetzung niedergeschrieben.

Erstmals kann so im Deutschen die authentische Stimme einer berühmten Haiku-Dichterin und durch ihre Ausführungen auch die Stimme ihres Großvaters, des vielleicht einflussreichsten Haiku-Dichters im 20. Jahrhundert, die Stimme von Takahama Kyoshi, vernommen werden.

Takahama Kyoshi (1874 – 1959) begann seine dichterische Tätigkeit unter Masaoka Shiki im Jahre 1892. Bereits 1889 übernahm er die von Shiki ein Jahr zuvor gegründete Literaturzeitschrift „*HOTOTOGISU*" („Der Kuckuck'). Mit der Grundidee, dem „Besingen der Blumen und Vögel" *(kachô fûei)* und dem „Zeichnen nach der Natur" *(shasei)*, förderte Kyoshi die Modernisierung des Haiku in Japan. Aus seiner Schule gingen zahlreiche Dichter hervor, die zu dieser Entwicklung in Japan wesentlich beigetragen haben.

Familie Kyoshi 1952. Von links: Teiko (Inahata), Tatsuko (die zweitälteste Tochter Kyoshis und eine sehr bekannte Dichterin), Kyoshi, Toshiatsu Bôjô (Ehemann von Nakako), Nakako, Toshio (der älteste Sohn Kyoshis und dessen Nachfolger als Hototogisu Herausgeber, Vater von Teiko). Auf dem Schoß von Kyoshi die älteste Tochter von Nakako

Inahata Teiko (geboren 1931) ist die Enkelin von Takahama Kyoshi. Unter ihm und ihrem Vater Takahama Toshio (1900-1977) hat sie sich dem Studium des Haiku gewidmet. Nach dem Tod des Vaters übernahm sie 1979 die Herausgeberschaft der zur Zeit in Japan größten Haiku-Zeitschrift „*HOTOTOGISU*". Seit 1982 ist sie Jurymitglied des „Asahi Haiku-Forums" (*Asahi haidan*) der Zeitungsgesellschaft Asahi.

Sie gründete 1987 die japanische Gesellschaft für das traditionelle Haiku, deren Präsidentin sie seither

Takahama Kyoshi (Mitte) in der Kyoshi-Klause mit seinen Kindern. In der ersten Reihe, 2. v.l. ist Frau Kyoshi. Die Aufnahme stammt aus dem Jahr 1952.

ist. Von 1994 bis 1996 war sie Dozentin des „NHK Haiku-Forums" des Bildungssenders der öffentlichen Fernsehanstalt NHK. 2002 errichtete sie das „Kyoshi Gedächtnismuseum" *(Kyoshi Kinen Bungakukan)* in Ashiya / Kobe.

Die hier vorliegende Übersetzung beruht auf dem Werk „*Haiku Jûnikagetsu – Shizen to tomoni ikiru Haiku* („Zwölf Monate mit Haiku – Zwölf Monate mit der Natur leben") von Inahata Teiko. Darin hat Inahata Teiko ausgehend von dem Buch „*Takahama Kyoshi, Kyoshi Haiwa, Tôto Shobô, Tokyo 1958*" (Kyoshis Haiku-Gedanken) die Haiku-Lehre ihres Großvaters entfaltet. Darum ist der Aufbau durch die ersten sechs

Szene eines Haiku-Studientreffens um 1940

Kapitel stets der gleiche. Auf Grundlage der Worte Kyoshis legt Inahata Teiko dessen Gedanken aus. Im siebten Kapitel („Haiku als Gruß") beschließen Worte von Kyoshi das Buch.

Takahama Kyoshi hat wie kaum ein anderer die moderne japanische Haiku-Szene geprägt und dabei viele bedeutende Haiku-Dichterinnen und Dichter ausgebildet. Seine Neuinterpretation des klassischen Haiku-Weges hat entscheidend zur Kontinuität der Haiku-Traditon beigetragen. Es ist wohl nicht über-

Aufnahme vom Juni 1946. Das Haiku-Treffen mit führenden Schülern seiner Zeit anlässlich der Veröffentlichung des 600. Heftes Hototogisu, stattgefunden in Komoro, Kyoshis Zufluchtort während des Krieges. Von links: Amano Hôya, Yamaguchi Seison, Kyoshi, Takano Sujû, dann ganz rechts Kyôgoku Kiyô – sie alle sind führende Vertreter des Haiku in der ersten Hälfte des 20. Jahrhunderts.

trieben zu sagen, dass die Popularität des Haiku in der heutigen japanischen Gesellschaft mit ein Verdienst seiner Lehr- und Schreibtätigkeit ist.

Indem Kyoshi das Verständnis für das klassische Haiku gefördert hat, konnte er einem breiten Publikum diese Tradition überzeugend nahe bringen. Takahama Kyoshi war auch derjenige, der die dichterische Tätigkeit von Frauen bewusst gefördert und zum ersten Mal in Japan ein Haiku-Forum für Frauen geschaffen hat. Es ist in Deutschland bisher wenig bekannt, was Kyoshi als Verfechter des traditionellen Haiku wirklich gelehrt hat und welche allgemein gültige Modernität seine Lehre besitzt. Inahata Teiko, Enkelin von Kyoshi und in der dritten Generation die Präsidentin der größten

Kyoshi in seinem Studierzimmer. Aufnahme um 1955

japanischen Haiku-Gesellschaft „Hototogisu", hat in dem Buch „Zwölf Monate mit Haiku" ein Lehrbuch geschaffen, in dem die wichtigsten Lehrsätze Kyoshis zusammengestellt und an Hand beispielhafter Haikus aus der Sicht der Haiku-Dichterin interpretiert und kommentiert werden.

Das Originalbuch besteht aus drei Kapiteln, wobei im ersten Kapitel, „Jahreszeiten, mein Begleiter", spezifische Kigo für jeden Monat vorgestellt und wiederum mit mehreren Haikus von berühmten Dichtern erläutert werden. Das zweite Kapitel behandelt dann die Lehre Kyoshis über das Haiku-Dichten mit Interpretationen von Inahata Teiko. Im dritten Kapitel schließlich, wiederum in 12 Monate unterteilt, wird dargestellt, in welcher Weise das Leben der Japaner mit den vier Jahreszeiten verbunden ist und vor allem, was es für einen Haiku-Dichter bedeutet, im Wechsel der Natur zu leben. Hier stehen viele Haiku-Beispiele im Mittelpunkt des Kapitels. Denn wie bei vielen japanischen Künsten verhält es sich in Japan auch mit der Dichtkunst. Nur durch Lesen von meisterhaften Gedichten und durch eigene Übungen kann man diese Kunst erlernen.

Die vorliegende Übersetzung beschränkt sich auf das zweite Kapitel, weil in den beiden anderen Kapiteln die meisten darin ausgewählten Kigo in Deutschland nicht relevant sind. Das zweite Kapitel hingegen beschreibt die Wesenszüge des traditionellen Haiku-Verständnisses, das Kyoshi herausgebildet und gelebt hat. Diese Wesenszüge einmal zusammenfassend und praxisorientiert durch die Gedanken Kyoshis darzulegen, ist das Anliegen des vorliegenden Buches. So können Haiku-Merkmale bzw. Begriffe, die bisher im Ausland nur stichwortartig verbreitet sind, erstmals in einem größeren Zusam-menhang erscheinen und als ein Gesamtkomplex dargestellt werden.

Bei der Übersetzung des Kapitels wurden mit Einverständnis der Autorin Kürzungen vorgenommen, um Inhalt und Erklärungen dem deutschen Leser verständlich zu machen. Wortlaut und Inhalt der Gedichte wurden möglichst originalgetreu wiedergegeben, um so den jeweiligen Kommentar von Frau Inahata nachvollziehbar zu machen, wobei auf die Beibehaltung der Silbenzahl von 17 bei einigen Haiku zugunsten des Inhaltes verzichtet wurde. Die jahreszeitliche Zuordnung der Kigo erfolgte entsprechend dem „Hototogisu Shin Saijiki", in der ersten Auflage, Tokyo 1986.

Alle, die an diesem Werk beteiligt waren, verbindet der Wunsch, dass die vorliegende Arbeit zum besseren Verständnis des japanischen Haiku bei deutschen Lesern beiträgt und als Richtschnur eigener Bemühungen beim Dichten von Haiku zu dienen vermag. Unser gemeinsamer Dank, auch im Namen der Autorin, Frau Inahata Teiko, gilt Herrn Professor Ekkehard May für seine wertvolle Beratung und die Bearbeitung des Manuskripts.

Starnberg und Hamburg im Februar 2006

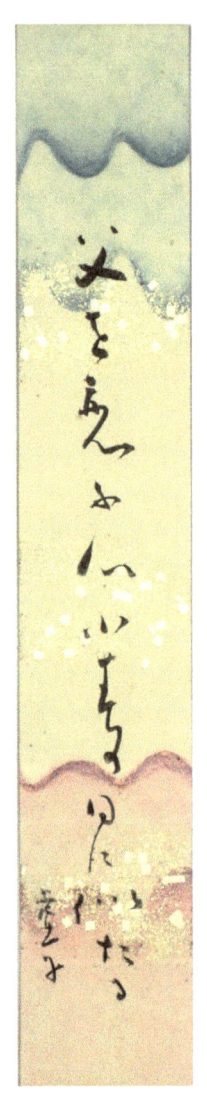

Chichi wo kou / kokoro koharu no/ hi ni nita-ru

**Mein Herz, das sich nach dem
Vater sehnt, ähnelt einem
warmen Novembertag.**

Takahama Kyoshi

1   Ein Gedicht, das jahreszeitliche Themen voll ausschöpft.

Alles kann zum Objekt des Haiku-Dichtens werden, auch menschliche Angelegenheiten und soziale Themen, vorausgesetzt alle Aspekte des Jahreszeitenwortes *(kigo)* kommen im Haiku zur Geltung. Nichts soll einen Autor daran hindern, wenn er mit einer von Innen heraus strömenden Leidenschaft dichtet. Beim Haiku bedarf es dazu aber eines *kigo*. Der Dichter muss zuerst eingehend alle Eigenschaften des *kigo* und alle Assoziationen, die es hervorzurufen vermag, ergründen. Wenn diese Eigenschaften mit seiner dichterischen Leidenschaft verschmelzen, dann entsteht ein 17-silbiges Gedicht mit dem richtigen, edlen Rhythmus, eben ein Haiku.

Es geht hier nicht um ein beliebiges Gedicht, sondern um das Haiku. Ein Haiku ohne *kigo*, oder ein Haiku, in dem das *kigo* keine Wirkung entfaltet, ist es nicht wert, Haiku genannt zu werden.

Takahama Kyoshi, Kyoshi Haiwa, S. 15f.

Diese Sätze sind grundlegend, sie sprechen die zentrale Bedeutung des *kigo* für ein Haiku an; ein Haiku ohne *kigo* gibt es nicht. Hierbei handelt es sich nicht um eine persönliche Ansicht von Kyoshi, sondern um den wesentlichen Kern des in Japan tradierten Haiku. Kyoshi erwähnt eingangs das Objekt des Dichtens und sagt unmissverständlich, dass es nichts gibt, was nicht zu einem Gegenstand des Haiku gemacht werden kann. Viele mögen das vielleicht überraschend finden, weil sie die Vorstellung haben, das Haiku betreffe nur die schönen Dinge wie „Blumen und Vögel, Wind und Mond".

Seit der Meiji-Restauration 1868[1] wurde die japanische Gesellschaft von neu eingeführtem westlichen Gedan-kengut beeinflusst. Das hatte zur Folge, dass manche Haiku-Dichter sich der westlichen Idee der Selbstfindung und sozialer Ideen bedienten, um das Haiku zu moderner Literatur zu machen. Diese Dichter waren sich dessen nicht bewusst, dass sie mit dem Haiku über alles, auch über menschliche Angelegenheiten, einschließlich sozialer Ideen, dichten können. Kyoshi betont aber immer, dass dies nur gelingt, wenn man in seiner Dichtung dem Jahreszeitenwort, *kigo*, in all seinen Aspekten wirklich Geltung verschafft. Die bloße Einbeziehung eines *kigo* in das Haiku erfüllt diese Anforderung noch nicht. Das *kigo* muss in einem Haiku

---

[1] Meiji-Restauration bezeichnet den politischen Umbruch im Jahr 1868 und den Beginn einer neuen Regierungsform in Japan. Sie stand am Anfang einer Epoche der rasanten Modernisierung und Verwestlichung der japanischen Gesellschaft.

so genutzt werden, dass Eigen-schaften, die ein *kigo* in sich birgt, und die Asso-ziationsmöglichkeiten, die es hervorzurufen vermag, in ihrer ganzen Breite zur Entfaltung kommen und ausge-schöpft werden.

Das k*igo* ist ein Wort, das in der langen Geschichte der japanischen Literatur von Dichtern gepflegt wurde und im allgemein gültigen Naturempfinden der Japaner verwurzelt ist. Ein *kigo* besitzt drei Eigenschaften.

1. Es ist reich an jahreszeitlichen Bezügen.
2. Es hat einen literarisch überlieferten Hintergrund.
3. Es ist mit dem Leben der Japaner verschmolzen.

Als ein konkretes Beispiel kann das Wort „Blüte" (*hana*) dienen. Wenn dieses Wort in einem Haiku vorkommt, bedeutet es fast immer „Kirschblüte" und ruft bei Japanern sofort vielfältige Gedanken an den Frühling hervor. Sie denken beispielsweise an ihren ersten Schultag[2] oder an einen Abschied unter den Blüten. Aber auch andere als nur persönliche Erinnerungen sind mit den Blüten verbunden. Die Pracht der voll erblühten Kirschbäume und die Schönheit der unaufhaltsam fallenden Blütenblätter sind Erscheinungsbilder, die untrennbar mit dem Wort *hana* zusammenhängen.

Japaner bringen solche Bilder gerne mit dem früheren Ideal einer ritterlichen Geisteshaltung in Verbin-

---

[2] Die Einschulung findet in Japan im Frühling zur Zeit der Kirschblüte statt.

dung. Und viele von ihnen werden an berühmte Werke ihrer Literatur, vor allem an Gedichte über Kirschblüten erinnert. Aber auch die buddhistische Weltsicht der Vergänglichkeit und die asiatische Vorstellung vom Tod stehen in Beziehung zu den oben geschilderten Erscheinungsbildern der Kirschblüte. Mit dem Stichwort „Kirschblüte" überlagern sich alle diese Bilder in vielfältiger Weise.

Wenn Kyoshi von den Eigenschaften und der Assoziationskraft des *kigo* spricht, geht es um genau diese Bilder, die sich im Hintergrund des *kigo* aneinander reihen:

Ippen no / rakka miokuru / shizuka kana

**Einem fallenden
Blütenblatt sehe ich nach –
welch eine Stille!**

Takahama Kyoshi

(*Kigo*: *rakka*, fallende Blüten, Frühling)

Omoi kawa / watareba mata mo / hana no ame

**In Gedanken versunken
den Fluss überquert – auch hier
Blüten im Regen.**

Takahama Kyoshi

(*Kigo*: *hana*, Kirschblüte, Frühling)

Saki-michite / koboruru hana mo/ nakari-keri

**Übervoll erblüht –
doch keine von diesen
Blüten will fallen.**

Takahama Kyoshi

(*Kigo*: *hana*, Blüte, Kirschblüte, Frühling)

Wenn man diese Gedichte liest, wird einem klar, dass die Assoziationswelt, die das *kigo* „hana" hervorruft, in jedem Haiku unterschiedlich ist und dass somit jedes Haiku etwas anderes auszudrücken vermag.

Nach Erkenntnissen der Linguistik funktioniert die Sprache auf zwei Achsen. Die eine Achse ist die syntagmatische Achse, auf der die Wörter entsprechend dem Kontext kontinuierlich aneinander gereiht werden, damit der Sinn des Satzes klar wird. Die alltäglichen Sprachaktionen bewegen sich mehr oder minder auf dieser Achse.

Die zweite Achse, die normalerweise nicht so sehr ins Bewusstsein gelangt, wird die assoziative Achse genannt. Hierbei geht es um Assoziationen, die durch Beziehungen zwischen den Worten ausgelöst werden. So kann ein Wort in einem Satz, unabhängig vom Kontext, im Leser verschiedene Assoziationen hervorrufen.

Bei einem vollständigen Satz tritt die Wirkung der zweiten Achse in den Hintergrund, bzw. wird nicht bewusst wahrgenommen. Wenn aber ein Satz grammatikalisch nicht vollständig ist, wird die linguistische Wirkung der zweiten Achse aktiviert und dadurch die Vorstellungskraft des Lesers mobilisiert. Wenn man nun das Haiku nach dieser Theorie untersucht, wird vieles klarer. Wegen der Kürze des Gedichtes wird oft das Subjekt (in Form von Personalpronomen) ausgelassen. Adverbien und Adjektive werden ebenso nach Möglichkeit vermieden. Dies gilt auch für die japanischen Partikel wie *te, ni, wo, ha*. Darüber hinaus gibt es noch die so genannten Schneidewörter (*kireji*), mit denen man willkürlich die Satzstruktur zerstört bzw. unterbricht. So tendiert ein Haiku grammatikalisch gesehen zu einem unvollständigen Satz. Diese Tatsache wird beim Dichten bewusst genutzt, um einen größeren und tieferen Assoziationsraum entstehen zu lassen. Das ist eines der entscheidenden Stilmittel des Haiku-Dichtens.

Auf diesem Hintergrund bemüht man sich verständlicherweise um Worte, die eine möglichst starke Assoziationskraft in sich bergen – genau diesen Zweck erfüllt das *kigo*.

Der Satz Kyoshis, wonach alle Eigenschaften des *kigo* mit dichterischer Leidenschaft zu verschmelzen sind, bedeutet nichts anderes, als dass der Dichter seine Gefühle und Gedanken über die menschlichen Angelegenheiten und Alltägliches mittels eines geeigneten *kigo* sprechen lassen soll; d.h. wir besingen im *kigo* die Natur, menschliche Angelegenheiten, unser Leben und auch die Gedanken hierüber.

Kyoshi schließt den Lehrsatz mit den Worten ab, dass ein Haiku ohne *kigo* nicht wert sei, Haiku genannt zu werden.

Giô-ji no / rusu no tobira ya / oseba aku

Das Tor des Klosters
***Giô* ist heute verwaist –**
Ein Stoß öffnet es.

Takahama Kyoshi

Dieses Gedicht (kein Haiku!) schrieb Kyoshi bei einem seiner häufigen Besuche des Klosters *Giô*[3]. Er bemerkte selbst, dass er es nicht fertig brachte, dieses Gedicht zu verwerfen und nahm es in seine im Jahre 1930 erschienene Anthologie auf, allerdings ins letzte Kapitel mit dem Titel, „ohne *kigo*". Dazu schrieb er, „ich weise nicht unbedingt alle Gedichte ohne *kigo* zurück, behaupte aber, dass ein Haiku ohne *kigo* selten gut ist

---

[3] Ein geschichtsträchtiges Nonnenkloster in Sagano, Kyôto

und nicht als Haiku gilt, sondern lediglich ein 17-silbiges Gedicht ist."

Hahon naru / iroha-bunko ya / haru no ame

**Das „iroha-bunko"[4],
es ist ja nicht vollständig!
Der Frühlingsregen.**

Takahama Kyoshi

---

[4] „iroha-bunko" ist ein gesammeltes Werk von Geschichten über menschliche Beziehungen, Treue und Pflicht. Es besteht aus mehreren Bänden. Der Dichter wollte an einem gemütlichen Regentag im Frühling aus seinem Bücherregal etwas zum Schmökern herausnehmen oder im Regal etwas ordnen. Dabei merkt er, dass in dieser alten, vielleicht mit früheren Erinnerungen verbundenen Reihe Bände fehlen.

2 Seinen Stolz in den Haiku-typischen Rhythmus setzen

Das Haiku lässt bis zum Äußersten Worte aus. Gerade darin liegt sein Zauber. Dafür ist das Schneidewort (*kireji*) notwendig. Der melodische Rhythmus des Haiku wird so auf natürliche Weise gesteigert. Wie Lieder Melodien haben, hat auch das Haiku seine eigene Melodie. Es gibt Dichter, die das missachten und sich einer gestelzten, komplizierten Sprache bedienen.

Das Haiku ist ein Gedicht und hat seinen eigenen edlen Rhythmus, der bewahrt werden muss. Ich bestehe nicht darauf, um jeden Preis auf die Anwendung der Schneidewörter wie *ya* und *kana* zu achten. Ich fordere nur, auf den edlen Charakter des Haiku stolz zu sein. Wir sollten es vermeiden, uns geringer zu machen und kritiklos andere Gedichtformen nachzuahmen.

Takahama Kyoshi, Kyoshi Haiwa, S. 4.

Kyoshi betont hier den eigentümlichen, melodischen Rhythmus des Haiku, der dessen vornehmen Charakter ausmacht. Jeder Dichter kennt diesen Rhythmus des Haiku. Nach Kyoshis Worten wird er durch die Anwendung des *kireji*, das die Auslassung von Wörtern ermöglicht, auf natürliche Weise gesteigert.

Natsukusa ya / tsuwamono-domo no/ yume no ato

**Die Sommergräser.
Die Spuren der Träume
von alten Kriegern.**

Matsuo Bashô (1644 – 1694)

(*Kigo*: *natsukusa*, Sommergras, Sommer)

Dieses berühmte Haiku von Bashô hat den typischen Haiku-Rhythmus. Betrachtet man den Satzaufbau, stellt man fest, dass es sich um keinen vollständigen Aussagesatz handelt. Wenn die erste Zeile anstatt mit dem *kireji* „*ya*" mit dem Partikel „*ni*" enden würde, dann lautete das Gedicht wie folgt:

Natsukusa ni / tsuwa monodomo no / yume no ato

**An Sommergräsern
die Spuren der Träume
alter Krieger (sehen).**

Die Partikel *ni* macht es dem Leser möglich, sich aus drei Zeilen einen vollständigen Satz vorzustellen. Da das *kireji „ya"* im Original-Haiku am Ende der ersten Zeile den Erzählfluss unterbricht, wird dem Leser die Möglichkeit genommen, den Satzsinn weiter zu vervollständigen. Gerade deshalb beginnen sich in seinem Kopf verschiedene, mit Sommergräsern verbundene Assoziationen und Bilder zu regen. Dieses Haiku teilt sich in zwei parallel stehende Satzteile (und nicht Sätze), nämlich *Sommergräser* und *die Spuren der Träume von alten Kriegern*; es stellt keinen vollständigen Aussagesatz dar. Das *kireji „ya"*, das zwei Satzteile voneinander trennt, verbindet sie dennoch assoziativ miteinander.

Diese Ausdrucksweise mit Hilfe eines *kireji* ist nichts anderes als eine natürliche Folge davon, dass die Kürze des Gedichtes in hohem Maße die Auslassung von Wörtern erfordert. Sie erzeugt dadurch den eigentümlichen melodischen Rhythmus des Haiku.

Nichts kann den Rhythmus des Haiku so zerstören, wie eine gestelzte und komplizierte Ausdrucksweise. Sie verleitet zur Überladung mit Worten, statt sich um deren Auslassung zu bemühen. Auch wenn Ideen und Gefühle noch so komplex und kompliziert sein mögen, können sie einfach und verständlich ausgedrückt werden, wenn man sie gedanklich gut ordnet und nach Möglichkeiten des Auslassens sucht. Dabei ist es wichtig, Gedanken nicht zu beschreiben, sondern eine knappe und klare Schilderung zu geben, bei der das *kigo* als Träger der Gedanken genutzt wird.

Im Zusammenhang mit dem Auslassen von Worten spricht Kyoshi häufig davon, dass ein Haiku mit Nachklang (*yoin*) ein gutes Haiku sei. Der Nachklang bedeutet vielfältige Assoziationen, die bei der Lektüre im Leser entstehen. Je eindringlicher und größer der Nachklang ist, desto erfolgreicher hat das Gedicht dem Leser seinen Inhalt vermittelt. Der Nachklang vermag deshalb noch mehr mitzuteilen als Worte, die ausgelassen wurden.

Kyoshi erklärt im vorangegangenen Lehrsatz, dass er keineswegs auf der expliziten Anwendung der *kireji* wie „*ya*" und „*kana*" besteht. Ein Widerspruch? In der Tat gibt es genug Beispiele von Haiku ohne *kireji*. In unserer Zeit wird wahrscheinlich sogar die Mehrzahl der Haiku ohne *kireji* gedichtet. Gilt dann das bisher Gesagte nicht für diese Haiku?

Kami ni maseba / makoto uruwashi / Nachi no taki

**Welche Schönheit wohnt
hier, wo die Götter leben.
Wasserfall von *Nachi*.**

Takahama Kyoshi

(*Kigo: taki*, Wasserfall, Sommer)

Kawa wo miru / banana no kawa wa / te yori ochi

**Ich schau' auf den Fluss.
Da fällt die Bananenschale
aus meiner Hand.**

Takahama Kyoshi

(*Kigo: banana*, Banane, Sommer)

Die beiden Haiku haben trotz der fehlenden *kireji* den gleichen Haiku-Rhythmus wie das vorhin zitierte Haiku von Bashô. Das Geheimnis liegt darin, dass sie trotzdem jeweils eine klare Zäsur besitzen. Sie liegt beim ersten Gedicht zwischen dem „....Götter leben" und „Wasserfall von *Nachi* [5]"; beim zweiten zwischen dem „... den Fluss." und dem „Da fällt...". Wenn ein Haiku explizit zwar kein *kireji* verwendet, inhaltlich jedoch eine klare Zäsur aufweist, pflege ich vom Vorhanden-sein des „*kireji*-Bewußtseins" zu sprechen. Wichtig ist nicht das *kireji* selbst, sondern dieses Bewusstsein.

Sich um das Auslassen zu bemühen und das Bewusstsein für das *kireji* zu kultivieren – daraus ergibt sich der unverkennbare Haiku-Rhythmus, von dem Kyoshi spricht.

---

[5] Der Wasserfall Nachi befindet sich in der Nähe der berühmten shintoistischen Heiligtümer im Süden der Halbinsel Kii in der Wakayama-Präfektur, dem Pazifik zugewandt.

Takahama Kyoshi an der Küste in Niigata. Aufnahme von 1946

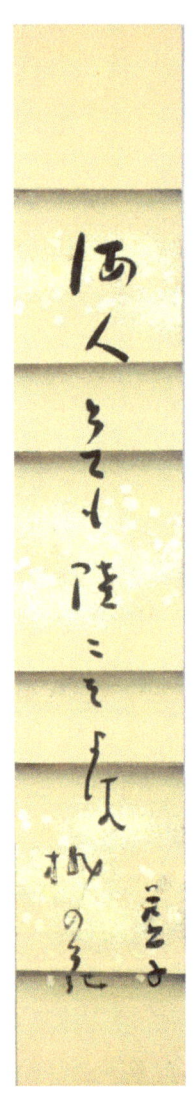

Ama totemo / kuga koso yokere / momo no hana

**Selbst die Perlenfischerin
möchte gern an Land sein
zur Zeit der Pfirsichblüte.**

Takahama Kyoshi

3   Einfach und klar schildern

Schon vor 30 Jahren pflegte ich vom „Haiku mit Schlichtheit und Nachklang" zu sprechen. An dieser Ansicht hat sich seither nichts geändert. Mit einfacher und klarer Sprache zu schildern ist eine schwierige Aufgabe, die eng mit der Frage zusammenhängt, wie man Worte auslässt und einen melodischen Rhythmus erzeugt. Diese Aufgabe ist so wesentlich, dass man sie immer und immer wieder üben muss. Selbst einem Meister bereitet sie Schwierigkeiten. Die fließende Melodie der 17 Silben; das sollte ein Haiku erreichen. Unverständliche, schwierige oder unrhythmische Worte aneinander zu reihen zeugt von Unreife und sollte Anlass zur Selbstkritik geben.

Takahama Kyoshi, Kyoshi Haiwa, S. 5f.

Eine einfache, klare Sprache, die von jedem Leser verstanden wird, erfordert es, ungewöhnliche und schwierige sowie gekünstelte Ausdrücke zu vermeiden. Der Dichter soll sich um einen schlichten, konkreten Ausdruck bemühen. Das ist der Tenor dieses Lehrsatzes. Das bedeutet jedoch noch lange nicht, dass man kein Haiku über ein gehaltvolles Thema schreiben könnte.

Kozo kotoshi / tsuranuku bô no / gotoki mono

**Das alte Jahr und
das neue: etwas zieht sich
durch wie ein Stab.**

Takahama Kyoshi

(*Kigo*: *kozo kotoshi,* das alte und das neue Jahr, Winter)

Mit diesem sehr bekannten Haiku wollte Kyoshi folgendes sagen: Durch den Wechsel des Jahres (*kozo kotoshi*) ändert sich zwar nichts; die Zeit fließt wie bisher unverändert weiter. Dennoch setzen Menschen bewusst eine Zäsur inmitten der fortlaufenden Zeit und geben so dem Beginn des Neuen Jahres eine Bedeutung. Trotz solcher Zäsur zieht sich jedoch die Zeit wie ein unerschütterlicher Stab durch das alte und das neue Jahr hindurch, ein Stab, der nicht durchtrennt werden kann.

Das ist ein Haiku, in dem Zen-philosophische Gedanken anklingen und das sich mit dem Wesen der Zeit auseinandersetzt. Ich persönlich fühle mich veranlasst, noch weiter zu denken: Es liegt in der Natur des Menschen, manchmal dennoch den Fluss der Zeit unterbrechen zu wollen, um z.B. traurige Erlebnisse und schwere Schicksale hinter sich zu lassen, um mit dem vergangenen, widrigen Leben abschließen zu können. Man will das Neue Jahr erwartungsvoll und entschlossen beginnen. Könnte der Mensch solche Empfindungen nicht zum Ausdruck bringen, würde sein Leben doch sehr viel härter sein. Auch solche, im Haiku unausgesprochene Gedanken, könnte Kyoshi im Sinn gehabt haben. Die Ausdrücke in diesem Haiku sind klar und einfach, sprachlich für jeden verständlich. Trotzdem verweist es den Leser auf solche philosophischen Inhalte und veranlasst ihn, darüber nachzudenken. Dies geschieht durch den tiefgründigen Nachklang, der die Kraft dieses Haiku ausmacht.

Kyoshi sagt, das schlichte Schildern hänge damit zu-sammen, wie man Worte auslässt und einen melodischen Haiku-Rhythmus erzeugt. Das Auslassen von Worten beginnt bereits während des ästhetisch-schöpferischen Prozesses. Der Dichter versucht, sich über die eigenen Empfindungen klar zu werden. Die dabei gewonnene Erkenntnis formuliert er aus und arbeitet daran so lange, bis die sprachliche Gestalt des Haiku die eigene Empfindung zum Ausdruck bringt. In diesem Prozess wird deutlich, wie wichtig dieses Bemühen um das Weglassen von Worten für das Haiku-Dichten ist.

Folgende Beispiele zeigen konkret die Wirkung solcher Auslassungen:

Kiri hitoha / hiatari-nagara / ochi-ni-keri

**Ein Blatt der Paulownia.
Von der Sonne beschienen
fällt es herab.**

Takahama Kyoshi

(*Kigo*: *kiri hitoha*, ein Blatt der Paulownia, Herbst)

Bon no tsuki / ogamite rôgi / za ni tsuki-shi

**Zum Mond am Tag des
Totenfestes betend nahm
Platz die alte Tänzerin.**

Takano Sojû (1893-1976)

(*Kigo*: *bon no tsuki*, Mond am Tag des Totenfestes, Herbst)

Higurashi no / saigo no koe no / tôzakaru

**Der Herbstzikade
letztes Zirpen - es
entfernt sich langsam**

Inahata Teiko

(*Kigo*: *higurashi,* Herbstzikade, Herbst)

Kongô no / tsuyu hitotsubu ya / ishi no ue

**Ein Diamant,
der Tropfen Tau – er liegt
auf einem Felsen.**

Kawabata Bôsha (1897-1941)

(*Kigo*: *tsuyu*, Tau, Herbst)

Im ersten Haiku wird beschrieben, wie ein Blatt des Paulownia-Baumes herabfällt. Die Vorstellung, wie das große Blatt der Paulownia geräuschvoll fällt, hat etwas Trauriges an sich. Im Kontrast dazu wird aber das Blatt von der herbstlichen Sonne beschienen.

Alle überflüssigen Worte werden ungemein geschickt weggelassen; alles, was gesagt wird, ist auf das notwendige Minimum reduziert. Dennoch sind der herbstliche Sonnenschein und die klare Luft des frühen Herbstes intensiv spürbar. Vielleicht fühlt sich mancher Leser zugleich an die berühmten Worte von *Huai nanzi*[6] erinnert; „Ein Blatt fällt und ich erkenne den Herbst dieser Welt". In Kyoshis Haiku herrscht jedoch nicht allein das Gefühl der Einsamkeit, sondern auch und sogar in stärkerem Maße das Gefühl des Aufatmens und der Erleichterung, hervorgerufen durch den Sonnenschein, der das fallende Blatt aufleuchten lässt. Das ist der Nachklang, den das Haiku dem *kigo*, „ein Blatt der Paulownia" und der Entdeckung des Dichters, „von der Sonne beschienen", verdankt.

Ich schrieb vorhin, „ungemein geschickt weggelassen". Die reale Szenerie, die Kyoshi vor Augen hatte, bestand aus verschiedenen Gegenständen in der unmittelbaren Umgebung des Paulownia-Baumes. Aber das poetische Spiegelbild in seinem Inneren reduzierte sich auf ein einziges fallendes Blatt in der herbstlichen Sonne. Selbst der Ast, den das Blatt gerade verlässt, wurde im Gedicht unsichtbar. Soweit geordnet und auf einen Kern reduziert, brauchte der Dichter jetzt nur noch das innere Bild in schlichte Worte zu fassen. Dabei ist eine theoretische Erklärung des Prozesses, wie die Formulierung entsteht, nicht hilfreich. Wichtig ist, wie Kyoshi sagt, die wiederholte und stetige Übung.

Ähnlich wie das Weglassen steht auch die schlichte Schilderung im engen Zusammenhang mit der Erzeugung eines melodischen Rhythmus'. Das lässt sich gut an dem oben aufgeführten Haiku von Bôsha erkennen.

---

[6] Japan. Enanji. Chinesischer Gelehrter der Han-Zeit

Die ursprüngliche Fassung dieses Gedichtes lautete:

Ishi no ue ni / hitotsubu tsuyu no / tama hikaru

Auf einem Felsen
glänzt rund
ein Tautropfen.

Wenn man die beiden Fassungen miteinander ver-gleicht, wird deutlich, wie viel vollkommener die spätere Fassung ist. Zum einen liegt das an der überaus geschickten Ausdrucksweise, „Ein Diamant". Mit diesem schlichten Wort wird nicht nur die Art, wie ein Tautropfen glänzt, vermittelt, sondern auch angedeutet, wie die Feuchtigkeit in der Luft kondensiert und sich in einen „festen" Tautropfen verwandelt. Zum anderen liegt es an der Verwendung des *kireji* „ya". Durch diese Zäsur am Ende der zweiten Zeile wird der Fokus auf den „Tropfen Tau" gerichtet, wodurch dieser als Mittelpunkt des Haiku hervorgehoben wird und Assoziationen im Leser entstehen lässt. Die Schlichtheit der Schilderung des Tautropfens und die Verwendung des *kireji* erzeugen hier den Haiku-eigentümlichen melodischen Klang.

Takahama Kyoshi an der Küste in Niigata. Aufnahme von 1946.

白牡丹といふといへども紅ほのか　盛子

Hakubotan / to iu to ie-domo / kô honoka

**Weiße Päonie –
so heißt sie, doch es scheint matt
etwas Rotes durch.**

Takahama Kyoshi

4   *Shasei* bedeutet entdecken und schildern

Shasei im Haiku bedeutet, alle Erscheinungsformen der vier Jahreszeiten zu betrachten und aus ihnen ein Bild (*eizô*) herauszugreifen. Mit „alle Erscheinungsformen" meine ich die Gestalt der Dinge, so wie sie sind, ihre Gestalt, bevor das Herz (*kokoro*), d.h die dichterische Subjektivität einwirkt. *Shasei* bedeutet also, dass das Herz des Dichters einwirkt und aus allen Erscheinungsformen eine Gestalt herausnimmt. Man könnte dies als kleinen Kosmos des Autors bezeichnen, d.h. der Dichter selbst wird zu einem Teil der Natur und schafft darinnen seinen kleinen Kosmos.

Aber er greift nicht danach. Das Bild bewegt sein *kokoro*, wodurch der Kosmos im Dichter geboren wird. Nehmen wir zum Beispiel einen verwilderten Garten mit Bäumen und Gräsern. Das ist die wirkliche Gestalt des Gartens. Darin entdeckt der Dichter etwa eine Blüte der Morgenwinde, weil sein Herz von ihr bewegt wurde, und dann entsteht in ihm ein Abbild davon. Das ist *shasei*. Die Morgenwinde scheint im Herzen des Dichters auf und wird in seinem Herzen zu einem lebendigen Abbild, das in der Form von 17 Silben Gestalt annimmt. *Shasei* ist die Kunst, dieses Abbild zu erzeugen und es in 17 Silben zu fassen. Wer diese Kunst nicht beherrscht, dem nützt auch das schönste Abbild nichts.

Takahama Kyoshi, Kyoshi Haiwa, S. 18f.

Unter dem Begriff *shasei* verstehen viele die exakte Beschreibung, Nachzeichnung der Dinge, so wie sie sind. Aber Kyoshi lehrt uns mit den obigen Sätzen etwas anderes: Die Erscheinungsformen aller Dinge sind deren unverfälschte Gestalt, bevor unsere fünf Sinne und unsere Emotionen sie erfassen. In dem Moment, da der Dichter sich mit allen seinen Sinnen diesen Erscheinungsformen zuwendet und so mit ihnen in Berührung gerät, wird ein Teil von ihnen ausgeschnitten und im Herzen des Autors entsteht ein Abbild.

Das Abbild, das im Herzen des Dichters aufscheint, bezeichnet Kyoshi als den „kleinen Kosmos". Demzufolge können wir die Erscheinungsformen aller Dinge als den „großen Kosmos" bezeichnen. Der große Kosmos und der kleine Kosmos sind nicht dasselbe. Denn der kleine Kosmos ist eine Welt, die der Dichter in seinem Herzen geschaffen hat, nachdem er sich mit allen seinen Sinnen dem großen Kosmos zugewandt hat. Genau genommen existiert der kleine Kosmos in der Wirklichkeit nicht, kann jedoch auch ohne den großen Kosmos nicht vorhanden sein.

Beim *shasei* im Sinne von Kyoshi muss der Dichter zuerst ein Bild des kleinen Kosmos in sich selbst entstehen lassen und danach dieses Bild in 17 Silben formen. Das ist die Kunst, die er beherrschen muss. Viele Dichter sind sich dessen bewusst und bemühen sich um diese Kunst, aber nur wenige pflegen sich darin zu schulen, den kleinen Kosmos im eigenen Herzen zu erschaffen.

Wie dieses konkret geschehen kann, erklärt Kyoshi mit seinem Beispiel von der „Blüte der Morgenwinde" (*asagao*). Im großen Kosmos der wild wachsenden Bäume und Gräser entdeckt das *kokoro* des Dichters eine Blüte, deren Gestalt ihn berührt und in ihm ein lebendiges Spiegelbild entstehen lässt. Die Geburt dieses kleinen Kosmos ist der entscheidende Punkt. Um aus einem Ausschnitt des großen Kosmos den eigenen kleinen Kosmos zu erschaffen, ist es unerlässlich, etwas zu entdecken, wovon man berührt wird. Ohne dieses Angerührtsein wird kein Kunstwerk, weder ein Haiku noch etwas anderes, entstehen können. „Von etwas angerührt sein" ist mit dem „etwas entdecken" gleich zu setzen. Wer sich darin schult, den kleinen Kosmos zu erschaffen, der schult letztlich seine Fähigkeit, Entdeckungen machen zu können. In diesem Zusammenhang lehrt Kyoshi, „wenn du still die Welt betrachtest, regt sich irgendwann etwas und spricht dich an. Darauf musst du warten."

Akikaze ya / chikurin ikkan / yori-ugoku

**Der Herbstwind.
Mit einem Bambusrohr beginnt
das Wogen des Bambushains.**

Takahama Toshio

(*Kigo: akikaze*, Herbstwind, Herbst)

Kare ichigo / ware ichigo aki / fukami kamo

**Er spricht ein Wort, dann
folgt auch nur ein Wort von mir –
der Herbst schreitet fort.**

Takahama Kyoshi

(Kigo: *aki fukamu*, der Herbst schreitet fort, Herbst)

Nagare-yuku / daikon no ha no / hayasa kana

**Vom Strom mitgerissen
fließt ein Rettichblatt dahin –
wie schnell es sich bewegt!**

Takahama Kyoshi

(*Kigo: daikon*, Winter)

Shigure niji / kiete funaoto / nokori - keri

**Regenbogen nach dem
Winterregen erloschen –
Nur das Schiffsgeräusch.**

Inahata Teiko

(*Kigo: shigure*, Winterregen, Winter)

Das erste Haiku ist ein repräsentatives Beispiel für *shasei*. Der Autor betrachtet einen Bambushain im Wind und bemerkt, wie zuerst ein Bambusrohr sich bewegt und seine Bewegung dann an die Umgebung weitergibt, bis schließlich der ganze Bambuswald in Bewegung gerät. Mit diesem Haiku wird das Bild des schaukelnden Bambuswaldes so geschildert, als ob der Leser ein Zeitlupenbild vor Augen hätte. Das zweite Gedicht: Zwei Männer horchen schweigend in den fortschreitenden Herbst hinein. Nach einer Weile spricht der eine ein Wort; dem folgt wiederum ein Wort des zweiten Mannes, der auf das erste Wort etwas erwidert. Die Schweigsamkeit intensiviert die Stimmung des Spätherbstes. Der Gast sagte vielleicht „Wie still es ist"; darauf Kyoshi nur „Ja, es ist still". Aber der Inhalt der Konversation spielt hier keine Rolle. Wichtig ist die Tatsache, dass die beiden Männer nur wenige Worte sagen und sonst schweigsam bleiben. Die dadurch vertiefte Herbststimmung ist nichts anderes als die des kleinen Kosmos in Kyoshi selbst.

Man muss schon diese Kunst beherrschen, um das so entstandene Abbild in 17 Silben zu formen. Kyoshi schreibt oben, „Wer diese Kunst nicht beherrscht, dem nutzt kein noch so hervorragendes Abbild". Allerdings erwähnt er nicht, wie man sich denn in dieser Kunst üben soll. Dem mag der bereits behandelte Lehrsatz dienen: „Klar und einfach schildern." Wenn dem Dichter klar wird, was er sagen möchte, soll er nach dieser Lehre schlichte und konkrete Worte wählen, und sich Gedanken über das Weglassen von Worten sowie den melodischen Rhythmus des Gedichtes machen.

Das vierte Haiku ist ein sehr berühmtes Haiku von Kyoshi. In früheren Zeiten war es üblich, dass Bäuerinnen im Winter Rettiche in den Flüssen wuschen, die vor ihren Höfen flossen, um sie zum Einlegen vorzubereiten. Kyoshi betrachtet eine solche Arbeitsszene, wobei seine Augen sich auf die vom Strom weggetragenen Rettichblätter konzentrieren. Er entdeckt plötzlich, mit welcher Schnelligkeit die Blätter dahin schwimmen. Diese Schnelligkeit ist seine Entdeckung. Aus dem großen Kosmos nimmt Kyoshi lediglich eines der Blätter, das mit dem Strom fließt, als sein inneres Abbild heraus. Bei einem so klaren und deutlichen Bild wird die Formulierung in 17 Silben auch keine allzu große Mühe machen. Schwieriger ist es in diesem Fall schon eher, sich vor unnötig gekünstelter Sprache zu hüten. Dieses Haiku führt uns das reichlich fließende Flusswasser an einem Bauernhof genauso vor Augen wie das Leben der Bäuerinnen, die mit roten Händen Rettiche waschen, und das alles in der gerade herrschenden Jahreszeit. Die Kraft des k*igo* „Rettich" und die Kraft des *shasei* ermöglichen dies. Zugleich erkennen wir, wie der kleine Kosmos im Inneren des Dichters mit dem großen Kosmos fest verbunden ist.

Das fünfte Haiku erzählt, wie der Regenbogen nach dem kurzen winterlichen Regen schnell verblasst, während ich gleichzeitig aus dem Zauber des augenblicklichen Farbenspiels erwache und auf das Geräusch des

Takahama Kyoshi, Aufnahme 1955. Ort unbekannt.

Schiffes aufmerksam werde. Die einfache und schlichte Schilderung meines Kosmos im *kokoro* vermittelt meine Stimmung in diesem Augenblick.

Shasei ist zwar beim Haiku-Dichten eine unentbehrliche Übung; wichtiger jedoch ist es, sich immer wieder darin zu schulen, Entdeckungen zu machen und diese Entdeckungen im eigenen *kokoro* zu spiegeln.

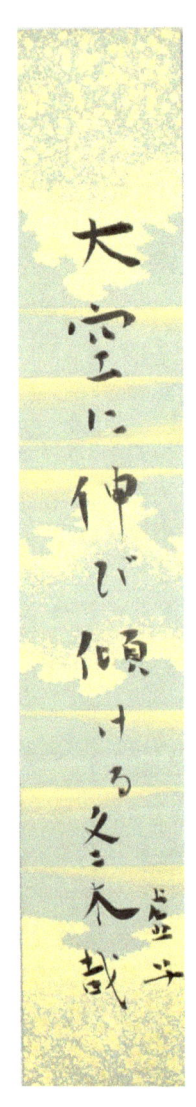

大空に伸び傾ける冬木哉　虚子

Oozoro ni / nobi katamukeru / fuyuki kana

**Zur Seite geneigt,
dennoch zum Himmel empor,
wächst der kahle Baum.**

Takahama Kyoshi

5 Vereinfachen und konkretisieren

Von den verschiedenen Schulrichtungen, die heute in Japan bestehen, stellt jede ihre eigenen Prinzipien auf. In letzter Zeit hatte ich Gelegenheit, eine Reihe ihrer Haiku zu lesen. Es gab darunter interessante und uninteressante. Ob ich ein Haiku interessant oder uninteressant fand, hatte verschiedene Gründe. Jedoch, wollte ich es auf einen Punkt bringen, so ging es bei der Beurteilung vor allem um die Frage der einfachen Gestaltung. Die Haiku, bei denen die Einfachheit gelungen war, empfand ich als interessant, während solche ohne gelungene einfache Gestaltung für mich uninteressant waren. In gleicher Weise empfand ich konkrete Verse interessanter als solche, denen es an Konkretisierung mangelte.

Die entscheidende Stärke des Haiku ist seine Einfachheit. Wer zuviel Stoff in ein Haiku hineinbringt und zu viele Worte verschwendet, um alles sagen zu wollen, der hat nicht verstanden, was die eigentliche Stärke des Haiku ausmacht.

Takahama Kyoshi, Kyoshi Haiwa, S. 38f.

Was hier gesagt wird, steht im engen Zusammenhang mit der Lehre „einfach und klar zu schildern" (vgl. Abschnitt 3). Wie dort bereits erwähnt wurde, bedeutet die einfache und klare Schilderung die Vermeidung schwieriger Wörter und Ausdrücke. Dafür müssen die Gedanken des Dichters vorher gut geordnet sein. Nur wer seine Gedanken ordnet, kann einfach gestalten.

Die Eindrücke des Dichters und sein Angesprochensein rühren von dem Erscheinungsbild her, das er entdeckt hat. Diese Eindrücke muss er geistig ordnen, um sich dessen bewusst zu werden, was er wirklich sagen möchte. Erst dann kann er auch entschlossen weglassen. Wollte er alles und jedes in sein Haiku hinein stopfen, würde es konfus und schwer verständlich werden.

„Die entscheidende Stärke des Haiku ist die Einfachheit", sagt Kyoshi.

Tôyama ni / hi no atari-taru / kareno kana

**Auf den fernen Berg
fällt noch der Sonnenschein –
das verdorrte Feld!**

Takahama Kyoshi

(*Kigo: kareno*, verdorrtes Feld, Winter)

Gata to hoda / kuzurete yûbe / narishi kana

**Das brennende Scheit
fällt krachend in sich zusammen –
es ist schon Abend!**

Inahata Teiko

(*Kigo: hoda*, Holzscheit, Winter)

An den beiden Beispielen kann man erkennen, wie eine einfache Gestaltung praktisch aussieht. Das erste ist ein berühmtes Haiku von Kyoshi aus seinen jungen Jahren. Verdorrte Gräser bedecken ein Feld, das sich verlassen vor seinen Augen ausbreitet. Die Sonne scheint noch auf den fernen Berg. Mehr schildert dieses Haiku nicht; der Leser jedoch wird zu ganz unterschiedlichen Gedanken angeregt.

Kyoshi verzichtet darauf, das öde Feld näher zu beschreiben. Lediglich den fernen Berg, der noch von der Sonne beschienen wird, nimmt er in den Blick. Der Leser spürt, trotz der knappen Aussage, die Verlassenheit des verdorrten Feldes, aber zugleich auch eine Wärme, ein Hoffnungsgefühl angesichts des Berges im letzten Sonnenschein.

Wenn das Bild des Haiku so weit vereinfacht wird, kann es sich ohne Mühe mit den Gedankenbildern verbinden, die in jedem Menschen verborgen vorhanden sind.

Beim Anblick dieser Landschaft sind in Kyoshi selbst vermutlich auch verschiedene Gedanken aufgetaucht, die er aber alle beiseite lässt. Er greift nur das verdorrte Feld und den von der Sonne beleuchteten fernen Berg als das Wesentliche seiner Entdeckung heraus, welche in ihm eine Empfindung ausgelöst hat. In späteren Jahren sagte er zu diesem Haiku: „Es war eine Sehnsucht erweckende Landschaft."

Beim zweiten Haiku betrachtete ich, die Dichterin, selbstvergessen die Flammen des Feuers. Kurz bevor das letzte Holzscheit ausbrannte, fielen Holzstücke mit krachendem Geräusch in sich zusammen. Danach, wieder zu mir gekommen, stellte ich fest, dass es schon dämmerte und dass ich ganz allein im Garten hockte. Erst da merkte ich überrascht, wie viel Zeit inzwischen vergangen war.

Dieses Haiku konzentriert sich auf den Augenblick, in dem das Holzscheit zusammenfällt und ich wieder zu mir komme. Auf diese Weise vollzieht sich die einfache Gestaltung. Mir war, als wäre ich geistesabwesend gewesen, während ich das Feuer betrachtete. Flammen können ja bekanntlich Menschen in einen solchen Zustand versetzen. Im Haiku jedoch werden weder mein Bewusstseinszustand noch die faszinierende Schönheit der Flammen erwähnt; trotzdem vermag dies jeder Leser nachzuvollziehen.

Neben der einfachen Gestaltung betont Kyoshi die Wichtigkeit der konkreten Schilderung. Damit meint er, dass die Empfindungen des Dichters wie Begeisterung oder Rührung durch die Schilderung des konkreten Gegenstandes selber zum Ausdruck kommen sollen. Wenn man etwas als schön empfindet, erklärt man nicht etwa, wie diese Schönheit beschaffen ist, sondern schildert klar das betreffende Objekt, um es danach selber von seiner Schönheit erzählen zu lassen.

Tatoureba / koma no hajikeru / gotoku nari

Wie zwei Kreisel, sich treffen und dann abprallend, so sind wir gewesen.

Takahama Kyoshi

(*Kigo: koma*[7], Kreisel, Winter)

Dieses Haiku bedarf einer Erklärung. Kyoshi schrieb es als Kondolenz-Vers zum Tode von Kawahigashi Hekigotô[8]. Hekigotô und Kyoshi waren während ihrer Schulzeit eng befreundet und später beide führende Schüler von Shiki. Nach dessen Tod kam es zwischen ihnen jedoch oft zu Auseinandersetzungen wegen unterschiedlicher Standpunkte und Prinzipien in Bezug auf das Haiku.

---

[7] Ein traditionelles Knabenspiel zum Neujahr.

[8] Kawahigashi Hekigotô (1873-1937): Meisterschüler von Masaoka Shiki, Verfechter des „Haiku der modernen Rich-

Dieses Haiku versah Kyoshi mit den Worten; „Hekigotô und ich waren miteinander sehr befreundet und haben uns oft gestritten." Die lebenslange Beziehung der beiden, die in einem Prosatext verfasst, ein ganzes Buch füllen würde, hat Kyoshi in einem einzigen Haiku verdichtet. Durch das konkrete Gleichnis der beiden Kreisel, gelingt Kyoshi eine solche Verdichtung. Wie wir sehen, kann ein Haiku durch eine solche Konkretisierung seinen Inhalt eindrucksvoll vor Augen führen und die Menge an Informationen sogar noch erweitern.

Der oben zitierte Lehrsatz fährt mit folgenden Worten fort: „Das Haiku will nichts predigen, nichts behaupten. Das Haiku ist Literatur. Und in der Literatur entscheidet die Kraft der Schilderung über die Qualität." Dies bedeutet vor allem, dass die Schilderung konkret und nicht abstrakt sein soll. Haiku von Anfängern neigen dazu, erklärend oder abstrakt zu werden. Ein so kurzes Gedicht wie das Haiku eignet sich nicht zur logisch konsequenten Darlegung von Gedankengängen. Um tiefe Erkenntnisse und lebendige, poetische Empfindungen in einem Haiku zu verdichten, gibt es keinen anderen Weg als das konkrete Bild, von dem man sich angesprochen fühlt, in einen Vers zu fassen. Nur so kann die Fülle dessen, was hinter den 17 Silben verborgen ist, vermittelt werden. Das ist der Weg des Haiku.

---

tung" (Shin keikô Haiku), erprobte im Lauf seines Lebens verschiedene Stilrichtungen auf der Suche nach dem Neuen, wie z.B. Haiku des freien Silbenmaßes (jiyû-ritsu).

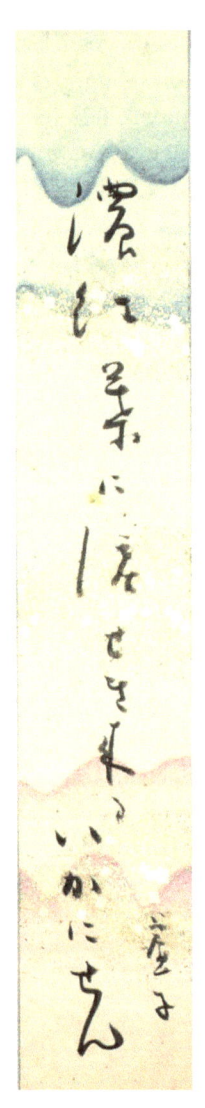

Ko-momiji ni / namida seki-kuru / ikanisen

**Im tiefsten Rot
steht die Herbstfärbung – Tränen
rinnen unwillkürlich.**

Takahama Kyoshi

6 Blumen und Vögel besingen

Die vielfältigen Erscheinungsbilder der vier Jahreszeiten wurden seit Alters her durch die Wörter „Blumen, Vögel, Wind und Mond (*kachô fûgetsu*)" repräsentiert. Diese vier Wörter habe ich auf zwei, nämlich „Blumen und Vögel" reduziert und daraus die Definition „Blumen und Vögel besingen" hergeleitet, da sie die Besonderheit des Haiku sehr gut zum Ausdruck bringt.

Ich war zwar der erste, der diese Definition eingeführt hat, sie stellt jedoch nichts Neues dar. Denn Bashô sprach auch von Blumen, Vögeln, Wind und Mond. Es gab viele andere Haiku-Dichter, die sich ähnlich aus-drückten. Meine Definition drückt nur die bis zum heutigen Tag unveränderten Eigenschaften des Haiku aus und dient nicht etwa dazu, meine eigene Theorie zu verfechten. Das Besingen von Blumen und Vögeln im wahrsten Sinne des Wortes müsste nach meiner Auf-fassung so beschaffen sein, dass im Vordergrund des Haiku das *kigo* lebendig wird, im Hintergrund jedoch verborgene Empfindungen des Dichters deutlich er-kennbar werden.

Zitiert aus: Kyoshi Dokuhon (Kyoshis Lehrbuch),
Nippon Hyôron Sha, Tokyo 1935.

„Blumen und Vögel besingen" ist eine Wortschöpfung Kyoshis. Er hat die traditionellen vier Wörter „Blumen, Vögel, Wind und Mond", (die synonym für Japanische Dichtung stehen) auf zwei Wörter, „Blumen und Vögel", reduziert und lehrt, das Haiku sei ein Gedicht, welches Blumen und Vögel besingt.

Kyoshi erkannte bei seinen Studien zur Geschichte des Haiku, dass es trotz vieler Veränderungen im Verlauf der Generationen eine unveränderliche, in allen Zeiten gemeinsame Eigenschaft besitzt, die er mit dem Wort „Blumen und Vögel besingen" bezeichnet hat. Dieses Wort wird oft missverstanden und so interpretiert, als ob das Haiku ein Gedicht sei, das nur von eleganten und schönen Dingen wie Blumen, Vögeln, Wind und Mond handelt.

Bashô schreibt zu den Worten „Blumen, Vögel, Wind und Mond" den folgenden berühmten Satz im Tage-buch „*Oi no kobumi*" („Die Kleine Schrift aus meinem Reisekorb"): „Wer mit der Dichtkunst lebt, folgt der Natur, macht diese zu seinem Freund. Dann wird alles vor seinen Augen zu nichts anderem als einer Blüte, alles in seinen Gedanken zu nichts anderem als dem Mond."

Mit diesem Satz ist gemeint: Derjenige, der in der Dichtkunst lebt, wird alles, was er sieht und was er denkt, zum Gegenstand seiner Dichtung machen, wie Blumen und Mond. Genau das meint auch Kyoshi mit seinem Begriff. „Blumen und Vögel besingen" klingt ein wenig banal, Kyoshi ist jedoch zur Erkenntnis gelangt, dass kein anderes Wort das Wesen des Haiku trefflicher zu erklären vermag.

Akebono ya / shirauo shiroki / koto issun

**Morgendämmerung –
wie weiß der Weißfisch, der nur
einen Zoll groß !**

Matsuo Bashô

(*Kigo: shirauo*, weißer Fisch, Frühling)

Uguisu ya / shiro-kuro no ken / gaku wo hisomu

**Nachtigallensang –
in weißen und schwarzen Tasten
verborgen die Melodie.**

Ikenouchi Tomojirô (1906-1991)

(*Kigo: uguisu,* Nachtigall, Frühling)

Die bloße Anführung eines *kigos* genügt nicht. Not-wendig ist vielmehr, dass die Eigenschaften eines Jahreszeitenwortes zum Tragen kommen, ja vielleicht sogar neue, bisher von niemandem beachtete Eigenschaften aus diesem *kigo* herausgearbeitet werden. Und das Wort „besingen" drückt aus, dass im Gedicht das ästhetische, innere Angerührtsein des Dichters verborgen sein muss.

Tomojirô ist ein bekannter Musiker in Japan. Das *kigo*, „Nachtigall", erhält durch die Kombination mit den letzten 7 und 5 Silben, in denen eine ungewöhnliche Phantasie steckt, eine ganz neue Nuance. Die Atmosphäre eines Momentes, in dem der Dichter - von der schönen Singstimme des Vogels angeregt - die Tastatur des Klaviers anschlagen wollte, wird hier eindrücklich dargestellt.

Kyoshi spricht vom „Vordergrund" und „Hintergrund" des Haiku. Im Vordergrund muss das Jahreszeitenthema lebendig geschildert werden, während im Hintergrund Gefühle des Dichters verborgen sein müssen. Das Haiku ist ein vielschichtiges Gebilde, weil es bewusst oder unbewusst die durch Worte ausgelösten Assoziationen nutzt (s. Kapitel 1 *kigo*) – das allerwichtigste Wort dabei ist und bleibt das *kigo*.

Es gibt Dichter, die Gefühle vermittelnde Wörter wie „freuen" oder „traurig" im Haiku verwenden. Der Dichter sollte sich aber immer wieder vor Augen führen, dass seine ästhetischen Empfindungen und Gefühle natürlicherweise Einfluss auf die Wahl des *kigo* bzw. die Art der Schilderung dieses *kigo* nehmen müssen; vor allem dann werden sie für den Leser spürbar werden. Wenn ein Haiku zwar ein *Jahreszeitenthema* schildert, aber an der Oberfläche bleibt, ohne dass der Dichter angerührt wäre, so wird es gewiss nicht zu einem Haiku werden, das das „Besingen von Blumen und Vögeln" in den Mittelpunkt stellt:

Gan-buro ya / umi aruru hi wa / takanu nari

**Die Zeit des *„gan-buro"* (*Gänse-Bad*) –
bei dem stürmischen Meer bleibt
heut' wohl das Bad aus.**

Takahama Kyoshi

(*Kigo: gan-buro*, Gänse-Bad, Frühling)

In der Zeit, da die Gänse nach Norden ziehen, sammeln die Bewohner der Küste von Sotogahama in der Präfektur Akita im Norden Japans traditionell kleine angeschwemmte Holzstücke am Strand, womit sie ihr Badefeuer anmachen. Das so erwärmte Bad wird *gan-buro*, Gänse-Bad, genannt. Beim stürmischen Meer bleibt das Sammeln der Holzstücke aus, infolgedessen kann es auch kein Bad geben. Kyoshi dichtet über diese lokale Tradition und benutzt ein sehr spezielles Jahreszeitenwort *gan- buro*. Das ist der Vordergrund dieses Haiku. Welche Gefühle stecken dann im Hintergrund des Gedichtes? Um das zu verstehen, bedarf es einer tieferen Kenntnis dieses *kigo*.

Nach der Überlieferung bringen Gänse, wenn sie im Herbst nach Japan kommen, all diese am Strand liegenden Holzstücke in ihrem Schnabel mit, die sie im Frühling, wenn sie wieder nach Norden ziehen, mitnehmen werden. Wenn nach dem Zug der Gänse in Richtung Norden noch Holzstücke am Strand liegen, bedeutet dies, dass so viele Gänse wie die liegen gebliebenen

Holzstücke den Sommer nicht überlebt haben. Damit die Seelen dieser Gänse in den (buddhistischen) Himmel steigen, werden liegen gebliebene Holzstücke gesammelt und im Badeofen verbrannt. Wer diese Geschichte kennt, der vermag das im Hintergrund des Gedichtes verborgene Gefühl des Dichters nachzuempfinden, der um die Seelen der toten Gänse an diesem stürmischen Tag trauernd das Meer des Nordlandes betrachtet.

Dieses Beispiel zeigt deutlich, wie wichtig es ist, die Bedeutung eines *kigo* eingehend zu studieren, um ein Haiku in seiner Tiefe zu erfassen und zu verstehen.

此松の下に佇めば露の代

晶子

Kono matsu no / shita ni tatazumeba / tsuyu no ware

**Stehe ich unter
dieser Kiefer, bin auch ich
ein Tautropfen.**

Takahama Kyoshi

7   Das Haiku als Gruß

Das Haiku entstammt dem Anfangsvers eines sogenannten Kettengedichtes, *Renku*, das aus Aneinanderreihungen zweier Versteile von jeweils 5,7,5 Silben und 7,7 Silben besteht und von mehreren Dichtern reihum verfasst wird. Für das Kettengedicht galten viele komplizierte Regeln und Vorschriften; darunter war eine Regel der sogenannte Gruß.

Bei einem *Renku*-Treffen lud der Gastgeber einen *Renku*-Meister als Hauptgast ein, zu dem sich andere Teilnehmer gesellten. Dem Hauptgast gebührte die Ehre, den 5-7-5-silbigen Anfangsvers, *hokku*, zu dichten, während der Gastgeber den 7-7-silbigen Nebenvers, *wakiku*, zu dichten pflegte. Es war eine Sitte, mit dem Anfangsvers eine Art Gruß, z.B. an den Wohnort des Gastgebers oder auch an Teilnehmer, zu richten.

Takahama Kyoshi, Kyoshi Haiwa, S. 127 ff.

Bei einem *Renku*-Treffen dichtete Bashô das folgende *hokku*[9]:

Kogarashi no / mi wa Chikusai ni / ni-taru kana

**Ein Wanderer im
Wintersturm bin ich – ähnlich
dem alten Chikusai**[10].

Matsuo Bashô (1644 – 1694)

(*Kigo: kogarashi,* Wintersturm, Winter)

Mit diesem *hokku* stellt Bashô sich selbst humorvoll den versammelten Dichtern vor, indem er sagt, „ich bin ein bescheidener Wanderer wie jener Chikusai, der durch das Land wanderte." Trotz aller Bescheidenheit deuten die Worte, „Ein Wanderer im Wintersturm" klar das Streben des Dichters an, den Weg der Dichtkunst im unsteten Wanderleben zu suchen. So war dieses Haiku gleichzeitig Begrüßung und Selbstvorstellung.

Wenn man den Ursprung des Haiku berücksichtigt, ist es nicht verwunderlich, dass diese *hokku*-Tradition des Grußes im Haiku fortlebt und den Gruß-Charakter

---

[9] *hokku* heißt der Anfangsvers eines Kettengedichtes, in dem auf das *hokku* weitere Verse folgen. Zur Zeit Bashôs wurde die *Renku*-Dichtung gerne in geselliger Runde auf Dichtertreffen gepflegt. *Renku* heißt wörtlich übersetzt „verkettete Verse".

[10] Name der Hauptfigur einer in der Edo Zeit beliebten Erzählung, der als tollpatschiger Quacksalber durchs Land zog.

des Haiku bestimmt. Kyoshi, der sein Leben lang Grüße mit der Natur austauschte und den Sinn des „Besingens der Blumen und Vögel" zu ergründen suchte, gelangte letztlich zu der Auffassung, dass das Haiku nicht nur ein Gruß an die Natur, sondern auch an die Menschen, an sich selbst oder aber an transzendente Wesen wie Götter bedeutet. Indem er den Gruß inhaltlich vertiefte, wurde er eins mit dem, was seinen dichterischen Objekten innewohnt. Dort angelangt konnte er überzeugend behaupten: „Das Haiku ist eine Dichtkunst der Grüße" (*sommon no shi*), was nichts anderes heißt: das Haiku ist ein Gruß. Eine solche Aussage unterscheidet sich wesentlich von der Definition, das Haiku beinhalte einen Gruß-Charakter.

Wenn man in diesem Geist das Haiku als Gruß begreift und in diesem Sinne japanische Haiku liest, wird man deren Tiefe besser verstehen lernen. Und wer ein eigenes Haiku mit diesem Verständnis schreibt, für den eröffnen sich ganz neue Dimensionen.

Yamaguni no / chô wo arashi to / omowazu ya.

**Die Schmetterlinge
des Berglandes – sind selbst
sie nicht robuster hier?**

Takahama Kyoshi

(*Kigo: chô*, Schmetterling, Frühling)

Usuzumi no / sakura maboroshi / narazu chiru

**Die hell tuschgrauen
Blütenblätter fallen –
nein – kein Trugbild.**

Tabata Mihojo (1909-2001)

(Kigo: usuzumi-zakura, hellgraue Kirschblüten, Frühling)

Yasegaeru / makeru na Issa / koko ni ari

**Du, dürrer Frosch,
lass dich nicht unterkriegen–
Issa ist hier.**

Kobayashi Issa (1763-1827)

(*Kigo: kaeru,* Frosch, Frühling)

Das erste Haiku entstand während Kyoshis Aufenthalt in Komoro, einem Dorf in den japanischen Alpen, wo er während des Krieges Zuflucht gesucht hatte. Er bekam eines Tages Besuch zweier Dichter aus der Stadt, mit denen er ein Haiku-Treffen abhielt. Mit diesem Ge-dicht spricht Kyoshi seine Gäste an, die das elegante Stadtleben gewohnt sind, und fragt, „Komoro ist doch ein kaltes Bergdorf. Erscheinen da nicht selbst die Schmetterlinge viel robuster?" – ein natürliches Begrüssungswort an die weit hergereisten Gäste. Zugleich fasst er das Kli-ma des Berglandes vortrefflich kurz und knapp zusammen und teilt seinen Gästen mit, wie er jetzt hier lebt – ein ausgezeichnetes Beispiel vom Haiku als Gruß, als *sommon no ku*.

Im zweiten Haiku formt sich die Begeisterung über die unerwartete Begegnung mit dem Blütenfall der so seltenen *usuzumi-zakura*[11], der hell tuschgrauen Kirschblüten, in 17 Silben. Mihojo dachte wohl angesichts der fallenden Blütenblätter, ob dies nicht ein Trugbild sein könnte – diesen Gedanken kann der Leser dem Ausdruck, „nein – kein Trugbild" entnehmen. Eine Lobpreisung der Schönheit fallender Blütenblätter und der vollen-detste Gruß an die *usuzumi-zakura*.

Sommon bedeutet Gruß im weitesten Sinne. Es können Grüße von Mensch zu Mensch sein, ebenso an sich selbst, an Naturerscheinungen oder an alles Leben im Kreis der Jahreszeiten. Und es sind noch weitere Dimensionen von Grüßen darin enthalten, wie Verständnis für das Wesen eines anderen Menschen oder Wünsche und Bitten, die man an übernatürliche, transzendente Wesen richtet.

---

[11] Ihre Knospen sind rosa rot; aufgeblüht sind sie weiß, während ihre Farbe zur Zeit des Blütenfalls in helles Tuschgrau übergeht.

Kumo ni are / ami wo kakeneba / naranu kana

**Als Spinne geboren,
ist sie dazu verdammt, nur
Netze zu spinnen.**

Takahama Kyoshi

(*Kigo: kumo*, Spinne, Sommer)

Das Haiku dichtete Kyoshi im hohen Alter. Wie oft man sie auch entfernt, Spinnennetze entstehen gleich wieder; der Dichter lässt es zu, da es die der Spinne angeborene Bestimmung ist. Zugleich deutet das Gedicht das Schicksal des Dichters selber an, der sich als Haiku-Lehrer bis zum Lebensende mit dem Bewerten und Auswählen von Haiku[12] zu befassen hat und dieses Schicksal bereitwillig akzeptiert. So ist dieses Haiku ein Gruß an das kleine Wesen Spinne und zugleich an sich selbst.

---

[12] Ein Haikumeister hat täglich tausende Haiku seiner Schüler zu lesen und daraus eine Auswahl für Zeitschriften, Wettbewerbe etc. zu treffen.

Fuki-sugishi / akikaze wo futo / kaerimi-shi

**Der Herbstwind wehte
vorbei – unvermittelt
blickte ich zurück.**

Fujimatsu Yûshi (1924-1999)

(*Kigo: akikaze,* Herbstwind, Herbst)

Als der kühle Herbstwind seinen Körper streift, blickt der Dichter unvermittelt zurück und sagt sich, „ach, es ist schon Herbst." Die Kühle, die der Wind auf seiner Haut zurücklässt, erkennt der Dichter als Anzeichen des Herbstes und blickt dorthin zurück, woher der Herbstwind kommt.

Teki to iu / mono wa ima nashi / aki no tsuki

**Es gibt jetzt keine mehr,
die Feinde genannt werden.
Mond am Herbsthimmel**

Takahama Kyoshi

(*Kigo: aki no tsuki,* Herbstmond, Herbst)

Kyoshi dichtete das Haiku unmittelbar nach dem Ende des Krieges im August 1945. Er beklagt den verlorenen Krieg nicht, denkt viel mehr an etwas Höheres. Vor dem Lauf der großen Natur erscheint selbst der große

Krieg wie ein kleines Ereignis. Der verlorene Krieg wird auch nichts daran ändern, dass die Menschen Freud und Leid mit der großen Natur zu teilen haben. Der klare Herbstmond wandert unverändert am Himmel wie eh und je. Es ist, als wolle der Dichter sich selbst davon überzeugen, dass ihm nichts anderes übrig bleibt, als weiter wie bisher zu leben.

Kono aki wa / nande toshi yoru / kumo ni tori

**In diesem Herbst,
warum bin ich so gealtert –
Vögel in den Wolken.**

Matsuo Bashô

(*Kigo: aki,* Herbst)

Am 26. September 1695: Bashô fühlte sich nicht gut. Vom 29. September an wurde er bettlägerig und starb am 12. Oktober. In diesem Haiku fragt er sich seufzend, warum er sich so gealtert fühle. Dieses Verlassenheitsgefühl wird mit den letzten Worten „Vögel in den Wolken" noch gesteigert. Er sieht in seinem Inneren das Bild, wie die Vögel allmählich in den Wolken verschwinden, ein Sinnbild seines unsteten Wanderlebens. Vielleicht spürt er an diesem Tag bereits den nahenden Tod – ein ergreifender Gruß.

Nagaki yo no / kurushimi wo toki- / tamai-shi ya

**Wollte er den
Kranken so erlösen von
langer Nächte Qual.**

Inahata Teiko

(*Kigo: nagaki yo*, lange Nacht, Herbst)

Als mein Mann nach einjährigem Kampf mit der Krankheit starb, stellte ich mit diesem Haiku Gott die Frage, warum Er ihn nahm. Genau genommen war das Haiku auch ein Ausdruck meines inneren Konfliktes mit meinem Glauben.

Sora to iu / jiyû tsuru mai / yamazaru wa

**Der Himmel ist die
Freiheit – Kraniche tanzen,
dort unaufhörlich.**

Inahata Teiko

(*Kigo: tsuru*, Kranich, Winter)

Dieses Haiku bedeutete für mich einen Wendepunkt in meinem Leben. Nach dem Verlust von Vater und Ehemann war ich damals unfähig, weiter Haiku zu dichten und beruflich tätig zu sein. Beim Besuch in Izumi (Präfektur Kagoshima) beobachtete ich den tänzelnden Flug tausender Kraniche am Himmel. In dem Augenblick regte sich etwas in meinem Inneren. Ich war von der Freiheit der Kraniche am Himmel tief ergriffen. Je länger ich ihnen zuschaute, desto mehr fühlte ich mich so, als ob ich mit ihnen zusammen frei am Himmel meine Flügel schwänge. Und zugleich glaubte ich etwas Transzendentes erkennen zu können. Seit dieser Erfahrung wurde es mein Wunsch, durch die Natur Gott[13] zu begegnen.

Kangetsu no / terasu wa nai no / kuyuru machi

**Der Wintervollmond
wirft sein Licht auf die vom
Beben zerstörte Stadt.**

Inahata Teiko

(*Kigo: kangetsu,* Wintervollmond, Winter)

Als das gewaltige Erdbeben im Januar 1995 die Region von Ôsaka heimsuchte, war es eine Vollmondnacht. Das Beben verwandelte moderne Städte augenblicklich in einen einzigen Trümmerhaufen, auf den der kalte Vollmond sein gleißendes Licht warf. Unwillkürlich dachte ich an die Winzigkeit und Verwundbarkeit unserer Zivilisation und richtete an Ihn die Frage nach dem Sinn dieser Heimsuchung.

---

[13] Inahata Teiko ist eine gläubige Katholikin.

Kake kakete / tsuki mo naku naru / yosamu kana
Er nimmt ab und ab –
nun ist kein Mond mehr zu sehen.
Kalt ist schon die Nacht.

Yosa Buson (1716-1784)

(*Kigo: yosamu*, kalt ist schon die Nacht, Herbst)

Im späten Herbst spürt man erst in der Nacht die Kälte, die Tag für Tag zuzunehmen scheint. Der Dichter beobachtet am Himmel, dass der Mond täglich schmaler wird und heute gar nicht mehr zu sehen ist. In solch mondloser Nacht scheint die nächtliche Kälte des Spät-herbstes strenger zu sein als sonst. Ein Gruß an die Natur.

Tabibito to / waga na yobaren / hatsushigure
Den Reisenden, so
nenne mich von nun an – erster
Regen des Winters.

Matsuo Bashô

(*Kigo: hatsushigure*, der erste Winterregen, Winter)

Mit dem ersten Regenschauer des Winters (*hatsushigure*) ist sich der Dichter nun sicher, dass der Winter angekommen ist; eine Ankunft, auf die er trotz allem doch mit einer gewissen Freude gewartet hat. Es ist mir, als ob Bashô mit diesem Haiku, sich an den Regen wendend, sagt: „Ich gehe wieder auf eine Reise, die vielleicht mein Leben lang dauern könnte – so, Regen, wirst du mich noch oft begleiten." Man spürt seine Entschlossenheit genauso wie seine Gelassenheit - trotz der Mühsal der Reise, die auf ihn zukommt. Beides ist gepaart mit gespannter Erwartung vor dieser Reise. Auf Bashô jedoch, so scheint es, macht alles, wie dieser erste Winterregen, den Eindruck des Neuen und Frischen.

Kogarashi ya / umi ni yûhi wo / fuki-otosu

**Der Wintersturm –
er bläst die Abendsonne
in das Meer hinab.**

Natsume Sôseki (1867-1916)

(*Kigo: kogarashi,* Wintersturm, Winter)

Das ist ein sehr eindrückliches Haiku. Der Dichter sieht den Sonnenuntergang am Meer inmitten des heftig tobenden Wintersturms. Der Sturm – so scheint es ihm – stürzt den Sonnenball ins Meer hinab. Das innere Ungestüm von Sôseki selbst spiegelt sich in diesen Worten. Auf diese Weise können durch das Dichten über ein *kigo* (hier: Wintersturm, *kogarashi*) auch Gefühle zum Inhalt eines Haiku werden.

Yami-hosoru / sune wo idaki-nu / kesa no aki

**Von Krankheit verzehrt,
hagere Schenkel umarmend –
am Tag des Herbstanfangs.**

Takahama Toshio

(*Kigo: kesa no aki*, Herbstanfang, Herbst)

Toshio war sehr krank. Früh morgens am Tag des Herbstbeginns umarmt der Kranke seine hager gewordenen Schenkel; was er dabei denkt, wird zwar nicht direkt erwähnt, aber die Kombination von „hagere Schenkel" und „am Tag des Herbstanfangs" lässt seine innere Bewegung über den Wandel der Zeit anklingen und vermittelt zugleich intensiv die jahreszeitliche Stimmung.

Die hier wieder gegebenen Haiku zeigen, wie vielseitig und vielschichtig der Gruß sein kann. Er kommt natürlich besonders dann zum Tragen, wenn man sich nach dem Prinzip des „Besingens der Blumen und Vögel" richtet. Takahama Kyoshi schreibt in seinem ‚Der Weg zum Haiku' *(haiku e no michi, 1955)*: „In welcher Armut ich auch leben mag, wie sehr ich auch an Krankheit leide, kann ich die Härte des Lebens, das Leiden der Krankheit vergessen, sobald ich einmal mein Herz (*kokoro*) der Natur, den Blumen und Vögeln, dem Wind und dem Mond zuwende. Wenn auch nur einen Augenblick, so fühlt sich mein Herz in diesem Augenblick paradie-

Takahama Kyoshi in seinem Garten (1955)

sisch. Darum nenne ich das Haiku eine „paradiesische Literatur" (*gokuraku no bungaku*). Aus solcher Literatur schöpfe ich Trost, Erquickung, geistige Nahrung und letztlich Kraft zum Leben!"

Ein Buch schreiben:

HAIKU24.de